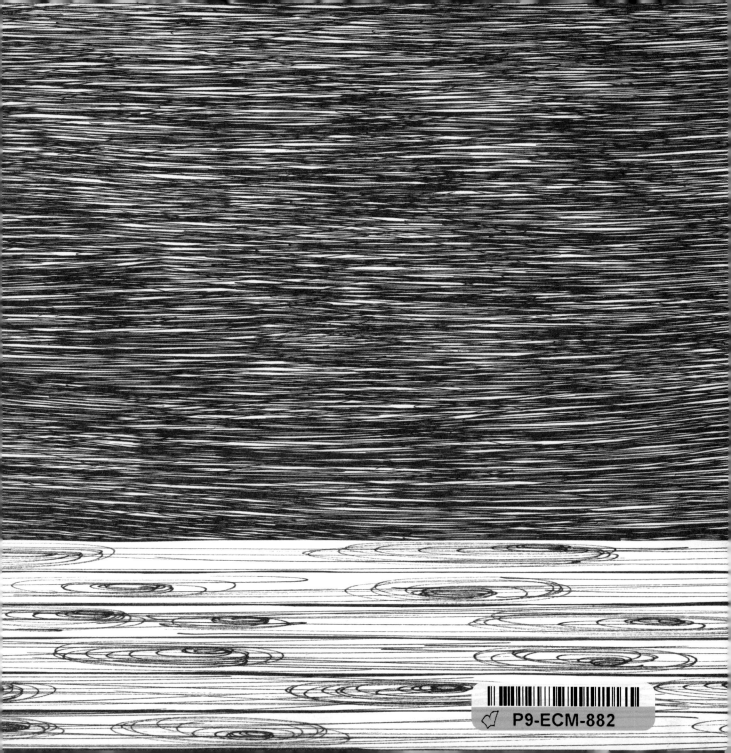

COORDINACIÓN:

Luis Amavisca

TRADUCCIÓN
AL INGLÉS:

Amaranta
Heredia Jaén

DISEÑO GRÁFICO:

Marina Cid
&
Luis Amavisca

TEXTO
José Carlos Andrés

ILUSTRACIONES
Natalia Hernández

A Espe, mi ñaña. Por toda una vida.

José Carlos Andrés

ÉGALITÈ

Mi papá es un payaso.
Serie egalité.
© 2013, José Carlos Andrés
© Natalia Hernández

NubeOcho Ediciones
www.nubeocho.com

Editorial Egales
www.editorialegales.com

Primera edición: Mayo de 2013
ISBN: 978-84-15899-06-8
Depósito Legal: M-13135-2013

Printed in Spain - Impreso en España

MI PAPÁ ES UN PAYASO

JOSÉ CARLOS ANDRÉS
NATALIA HERNÁNDEZ

MY DAD IS A CLOWN

El otro día, en el cole,

un compañero se enfadó conmigo y me dijo:

—¡Payaso!

Yo le di las gracias y un beso.

Él no entendía nada,

pero volvimos a ser amigos.

The other day at school,

a classmate got angry at me and said,

"Clown!"

I thanked him and gave him a kiss.

He did not understand a thing,

but we became friends again.

Es que mi papá es payaso, y yo estoy muy orgulloso
de él y de su trabajo, que es de los más importantes.
Fíjate si es importante, que hace reír a las personas.

¡Reír!

It is because my dad is a clown and I am very proud
of him and his job, which is among the most important jobs.
Imagine how important it is. He makes people laugh.

Laugh!

Pascual, mi otro papá que es médico, dice que
las suyas son las dos profesiones más necesarias del mundo:
una cura el cuerpo y la otra el alma.

No entiendo muy bien eso de «curar el alma»,
pero suena superbonito.

Pascual, my other dad who is a doctor, says that
they have the most necessary professions in the world:
one heals the body and the other heals the soul.

I don't understand very well what "healing the soul" means,
but it sounds very very beautiful.

Cuando estoy desayunando, papá va a despertar a Pascual, que nunca quiere levantarse porque dice que tiene más sueño. Es divertido escucharlos.

Al final, siempre terminan riéndose, y yo con ellos, aunque no sé muy bien por qué lo hago.

Creo que me contagian su risa, pero ellos dicen que me contagian su felicidad.

When I have breakfast, dad goes to wake up Pascual. He never wants to get up, because he always likes to sleep a bit more. It is fun to listen to them.

They always end up laughing, and I join in and laugh with them, although I am not sure why I do it.

I think their laughter rubs off on me, but they say it is their happiness that is contagious.

Yo aún no sé qué quiero ser de mayor,
pero creo que me gustaría ser espía.

Una mañana, papá salió antes de casa porque
tenía una función muy importante, y le propuse
a Pascual que lo siguiéramos, jugando a los espías.
La idea le gustó, y salimos los dos tras él.

I still don't know what I want to be when I grow up,
but I think I would like to be a spy.

One morning, dad left home early because he had
a very important show. I suggested to Pascual that
we should follow him, playing at being spies.
Pascual liked the idea and we both went out after dad.

Lo encontramos en el gimnasio, donde pasó un buen rato montando en bici y corriendo sobre una cinta.

Me pareció muy aburrido hacer eso sin moverte del sitio.

We found him in the gym, where he cycled and ran on the treadmill for a good while.

I thought it was rather boring, running and cycling without going anywhere.

Luego lo seguimos hasta el teatro.

Nos dejaron entrar porque conocen a Pascual.

A mí nunca me ha dejado ir a verlo a un ensayo.

Nos escondimos detrás de las butacas,
para espiarlo sin ser vistos.

After that, we followed him to the theater.
They let us in because they know Pascual.
Dad has never let me go to see any of his practices.

We hid behind the seats
to spy on him without being seen.

Me quedé con la boca abierta. Mi papá, en vez de hacer tonterías para hacer reír, se subió sobre una bici que se rompió y tuvo que hacer equilibrios para no caerse. Al ponerse en pie, tropezó, y se cayó de mil maneras distintas.

Al principio me asusté, pero Pascual me explicó que esas piruetas que realizaba era lo que llaman «ensayo» y que no se hacía nunca daño.

I was flabbergasted. Instead of doing silly things to just make people laugh, my dad got up on a bike that broke and he had to balance himself not to fall off. When he stood up, he tripped and fell in a thousand different ways.

At the beginning I was worried, but Pascual explained to me that those tumbles were called a "rehearsal" and that he never hurt himself.

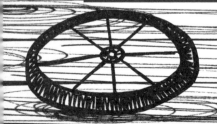

También hizo malabares.

Y cantó.

Y rió.

Y lloró. Lloraba de mentira. Es algo raro, pero Pascual dice que lo hace para que los demás se rían.

He also juggled.

And he sang.

And he laughed.

And he cried. He was fake crying. That was weird, but Pascual says that he does it to make others laugh.

Verle en el teatro era muy divertido, pero
los ensayos me parecieron muy difíciles y duros.

Nunca lo había visto tan serio:
ahora entiendo lo que es ser un payaso.

Seeing him in the theater was very amusing, but
I think rehearsals are tough and harsh.

I had never seen him that serious:
now I understand what it means to be a clown.

Y aunque estábamos allí de espías, no pude más y comencé a aplaudir a mi papá. Y él se puso a llorar. Y Pascual también lloró. Y yo, contagiado de su felicidad, también lloré.

Even though we were there as spies, I couldn't help it and I started applauding him. He began to cry. Pascual also cried. I, infected by their happiness, cried as well.

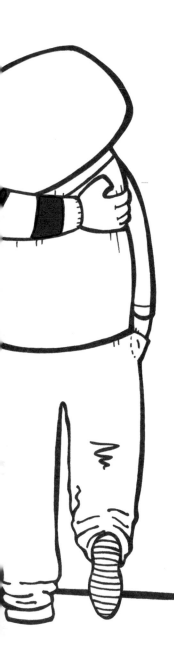

Estoy muy orgulloso del trabajo de mi papá,
pero más lo estoy de mi familia.

Tener unos padres así de maravillosos
me hace reír y llorar de alegría.

I'm very proud of my dad's job,
but I'm most proud of my family.

Having such wonderful fathers
makes me laugh and cry with joy.

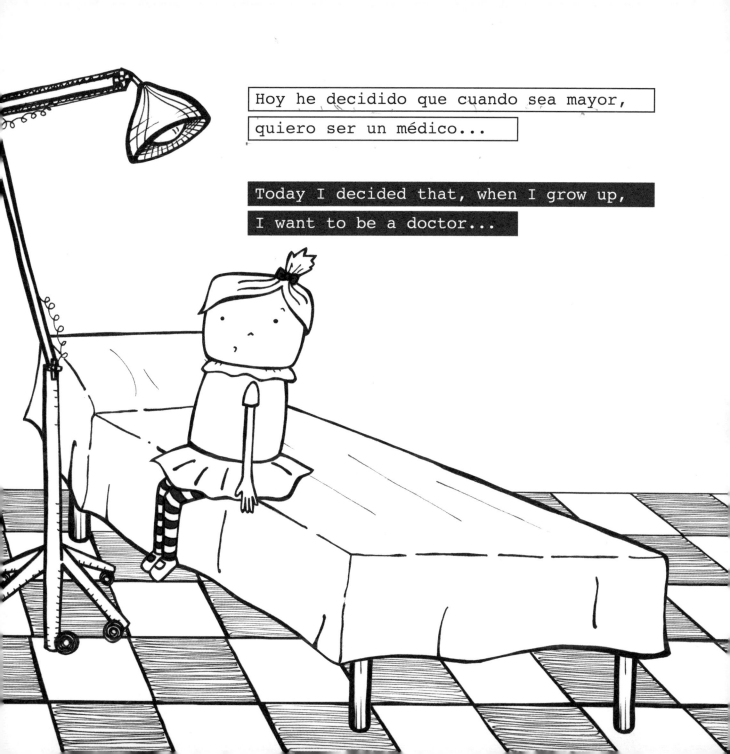

Hoy he decidido que cuando sea mayor,
quiero ser un médico...

Today I decided that, when I grow up,
I want to be a doctor...

con nariz de payaso.

with a bright red clown's nose.

ÉGALITÈ

La serie *egalité* agrupa una selección de cuentos que intentan fomentar la igualdad. Narraciones de amistad cuyos protagonistas tienen dos papás o dos mamás o llegan a nuestro lugar en una patera; el primer amor de sus dos chicas protagonistas y otras muchas historias más. Cuentos donde el color de la piel o la tendencia sexual son parte de la riqueza de nuestro entorno global. Un presente esperanzador de paz y tolerancia.

En esta serie nos centramos en los niños, las nuevas generaciones, presentándoles las historias desde una perspectiva de cercanía, para que cuando crezcan las asimilen como parte de un entorno plural que han compartido desde el inicio. Narraciones donde el punto de vista tradicional y clasista es revisitado para plasmar una situación presente de igualdad.

Una serie de cuentos en la que sus autores nos cuentan e ilustran cómo en la diversidad reside la belleza; cómo compartir, respetar y querer.

The *egalité* series brings a selection of tales that intend to promote equality. Stories of friendship in which the main characters have two moms or two dads, or arrive in our land in a boat; the first love of the two female protagonists and much more. Stories in which the skin color or the sexual orientation are part of the richness of our global environment. A hopeful present that fosters peace and tolerance.

With the series we focus on children, the younger generation, presenting the narratives to them from a perspective of proximity, so that they assimilate them as they grow up as part of their pluralistic environment. Stories where the traditional and classist point of view are reversed and thus revisited for a present situation of equality.
A series of tales in which the authors tell and illustrate how beauty lies in diversity; sharing, respect and love.